النهر والغريب

ومرثية الأقمار المتساقطة

3

باسل الحجاج

النهر والغريب
ومرثية الأقمار المتساقطة

شعــر

دار الفارابي

الكتاب: النهر والغريب ومرثية الأقمار المتساقطة
المؤلف: باسل الحجاج
لوحة الغلاف: للفنان الهولندي
ماوريتس كورنيليس إيشر

الناشر: دار الفارابي ــ بيروت ــ لبنان
ت: 301461(01) ــ فاكس: 307775(01)
ص.ب: 3181/ 11 ــ الرمز البريدي: 2130 1107
e-mail: info@dar-alfarabi.com

www.dar-alfarabi.com

الطبعة الأولى 2010
ISBN: 978-9953-71-509-4

تباع النسخة الكترونياً على موقع:
www.arabicebook.com

ما العمر إلا فهرس الأحزان
فاقرئي كتابي يا جنية البستان
وارقصي كنعومة الماضي...
كغواية الثعبان
على جرس قصائد
كئيبة الأوزان
كفجريةٍ محررة الجنحان
غارقة في حبٍّ أزليّ الخسران
في وجعٍ لا تشفيه أنهار الدنان
لعلي أبزُغ في قلبكِ كنجوم الغمّة
وأضيئكِ بألم الحنين...
حتى تأخذكِ بغرامي الرحمة
وتكف غيومكِ عن مطر الهجران!

سوناتا

لا تتركوني وحيداً كأشجار الخريف
يدُ الزمان تخرفُ(*) غبطتي وتعريني
كطفلٍ تبنتهُ شياطينُ الجحيم
أمضغ الذكريات وأشجو من عزف الحفيف
خائفاً كالظلِّ من أمسٍ يلاحقني
وغدٍ يشابههُ الموتُ السقيم

_____

(*) خَرَف: الثمار خَرْفاً ومَخْرَفاً وخَرافاً ويُكْسَر جَناهُ (القاموس المحيط).

8

توجس

أتوجسُ خيفةً كلما لمحتُ زيف الآمال

رقصة عفريتٍ في تحديقة لاهي الرجال

أعلمُ من لسان الدهر وماضيات الأحوال

نعيم الدنيا ومتاعها القليل الذي أحبُّ للزيال

ما وهبت بالغدوِّ من حرام أو حلال

استردتُه أضعافاً مضاعفةً بالآصال

تزيّن بهرجاً مقاليدُه بأيدي بنيها الجهال

وتكسرُ الحكيمَ بجورها وعيشها كلال

طرقت أبوابها الصلدةَ باكياً كالأطفال

سنين عمري سفحتها لأجلها بلا احتيال

وفياً كنتُ كالكلبِ لحبها

هرمتُ في انتظار غوثها

9

غير أنها كدائم عهدها

خانت بعد غواية غرورها

سدّت الدروب وأسلمتنا للضلال

وأغلقت عن السعادة الأقفال

استحالت هجيراً بلا ظلال.

ما الذي يمنحكِ قدرة السحر وفتنة الساهور

لأني أفكر فيكِ بكل المنعطفات والتعقيدات والجروح
وأبحث عن شيء يفسركِ بمختلف صُعُد الروح
غدا حبكِ داءً يجازيني شحوباً وصفرةً وقروح

ما الذي يمنحكِ قدرة السحر وفتنة الساهور
وكل تلك الأشياء التي تؤذيني وتمتص مني السرور؟
جائعٌ لفاكهةِ يديكِ وتين قدميكِ ولشفاهٍ كالزهور.

أحنُّ بلوعةٍ لأنفاسكِ النقيةِ كمريض مسلول
وربِّ الكعبةِ الذي أهداك
حسن الثريا والدلال الخجول
منذ حرمتني رمالَ هجيركِ وجسدي يتلاشى بالنحول

وحدة بلا أمل

ما زلنا كما كنا... وحيدين ومحرومين
كما الحزن الهامي من القيثار
يلتف ما بيننا
- كأقمطة الرضع الصغار -
الإسمنتُ المسلح لهذه الأسوار
الآسرةِ لمنازل هذه القفار
فلا نملكُ من أمرنا يا زهرة الجلنار
غير استراق نظراتٍ خجلى
تذبح قلبي بمدية الصمتِ كلَّ نهار
وتدمي خديكِ يا أميرة الأسحار
بعناقيد العنبِ وتوت الاحمرار
ولأني لا أملكُ للبوحِ سبيلًا

ينجي هوانا من ليل الأسرار

ستظلين نجمةً نائية كعشتار

لا تمطرني بريحان الأنوار

ولو غمامةً من رحيق الغبار

وسأظلُّ يا فراشتي العاجية

أغزلُ أسماءنا بشعاع الأشعار

وأرسمُ السلالم الكثار

بأقواس قزحٍ لامرئية الخيال

ربما لذنا معاً إلى أحصنة الفرار

حبيبتي الصغيرة مهما أهرمتنا الأعمار

ألا اهربي معي قبل انسدال الستار

ولنبتنِ من الطين كوخاً في فردوسِ الأقمار.

حبيبتي يا روضةً من الورود

كفى بالحبِّ غايةً للوجود

13

وما من حاجةٍ أخرى تستحقُّ خلق الأعذار

ألا اهربي معي... عاشقين تحت مظلة الأمطار

لأعرف منٍ كنتُ ومن أكون

بعيونٍ تفضح ذاتي

لم أحسن أمامها أبداً إخفاء الأسرار!

النهر والغريب

"كل شيء يجري، يتحرك، وليس هناك ما هو
أبدي. لذلك، لا نستطيع أن ننزل مرتين إلى
النهر نفسه، ذلك أنني عندما أستحم للمرة
الثانية يكون النهر قد تغير، وأنا أيضاً"

هيراقليطس

"لم نؤت كياناً. لسنا إلا نهراً،
ننساب راضين في كل الأشكال،
في النهار، في الليل،
في الكهف وفي الكنيسة،
نسير خلالها يدفعنا الظمأ إلى كيان.

وهكذا نملأ الشكل بعد الشكل
دون أن نرتاح،
وليس هناك شكل
يصبح وطننا وسعادتنا وبؤسنا،

15

إننا دائماً نسير في الطريق،

إننا على الدوام ضيوف،

لا ينادينا حقل محراث، ولا ينمو لنا خبز."

لعبة الكريات الزجاجية –

هيرمان هيسه

16

أيها النهر، وقف على ضفافك الغريب
أشهدُ في قرارتك الحزينة
غرق هيرقليطس والماهية والكينونة
وأنا مثل حكيمٍ أحدب
- أهرمتْه السنين واستوحشتْه الأمكنة -
ينتحبُ على ذبول الحياةِ باكياً مثل ذيب

أيها النهر، غارت في محاجر عينيك ألحاظ الغريب
مودعاً بحرائق الزفرات الماضي البعيد القريب
وتنين الأسطورة الجاثم في كهف البلعوم
ينفث بركان الآهات والحسرات شياطين من اللهيب
في مرآة أمواهكِ الزرقاء كالحزن
وحجر الفيروز الكريم
تمرُّ بعجالة الومضِ شرائط الذكرى

وصور العمر القديم
فيشهد منسوراً بفراشات الأسى
ما كانهُ من طفل حميم
لا يفهمُ كيف واراهُ الثرى،
أو كيف خمد الشبابُ وانطفأ كجمرة الحمّى
لا يفهمُ كيف بلون الليل وحناء الشجو
أضحى الفؤاد خضيب
وعلام انسل الزمان...
كاللصِّ من أحداق الكوى بخافت الدبيب؟!
وخلفتهُ الأعنة في مضامير جريها محروماً سليب:
" يا حورية النهر المسحور القرار
جاب سندبادي غياهب البحار
وما وجدت بقحط الأرواح شجيرة صبار
أحتضن شوكها وأناديها في عسجد الرغبة بالحبيب
شموس الهجير اضرمت الجفاف
والدخانُ اختطف الندى
ليس لي بمزامير العمر مبسمٌ...

ليس لي نجمٌ مشع بالهوى
بلا حبٍّ ولا ظلٍّ ولا حكمةٍ ولا عدلٍ...
تحتضرُ الحياةُ في قلبي التريب!"

أيها النهر، خارت على ضفافك أقدام الغريب
أمسك حفنات الثرى فينسلُ خيط التراب
هو اضمحلال النبض على سرادق الغياب
زوبعة الصمت الضامر حدّ الانحلال
في وجدان الضمير المريضِ بالرِّيب
السعال الأخيرُ للفؤاد الحريب
عبر رحلة البرزخ وديدان جبانة العذاب
هو السقوط في هوة الجحيم
إذ تتلقف الأرواحَ الآثمة الكلاليب

أيها النهر، تهامت على ضفافك دمعات الغريب
يتلو آية الذكر الحكيم: ﴿كَلَّآ إِنَّهَا لَظَىٰ ﴿١٥﴾ نَزَّاعَةً لِّلشَّوَىٰ ﴿١٦﴾﴾(*)
ومن مخافة الآخرةِ يتزلزلُ بمختضِ النحيب
إلهي يا ربَّ الغفران والرحمة... لا تزايلني الهموم
في غمر جوارحي تنتحر النوارس غرقى
وتتركني كآخر زفرات النجوم...
لزوالٍ وانطماسٍ قريب
ويدفن طاوياً أحلامي
تحت عباءتِهِ الشتويةِ ثلجيُّ الكثيب
إلهي بهذا الليل الكئيب،
وعلى ضفاف الشظايا الزجاجية
للرملِ الأزرق كأشباح الأثير
أنزف من جدث النوايا أجراس الضمير...
إلهي بهذا الليل الزمهريري الكئيب

(*) القرآن الكريم، سورة المعارج آية 15 - 16.

أتمسحُ بنور عفوك،
كما يشتهي وهج الشمسِ بأقمار السكينة،
متسولٌ ضرير
وأبرءُ من ذنبي حتى تغسلني التقوى
لا تعذبني فإني للنأي عن ذاتي لم أعدْ أقوى
وما كان لي صبرٌ إذ اصطليتُ بنار الجوى
فكيف اصطبر على عقاب جهنم والسعير
تفغرُ أشداقها ونار اللظى أمرٌ رهيب؟!

كوني متيمة بي يا شهرزاد

كوني متيمةً بي يا زهرة الصبار
كما يتيمُ بأعواد الكبريت السيجار
إن أعظم حكايا الحبِّ
تنتهي جحيماً من النار.

في حانة اليأس والحرمان
كوني متيمةً بي
كما يظمأ للكأس السكيرُ الخمَّار
إنما العشق صداعُ
ولا شفاء للعقلِ منهُ
إلا بأراجيح الدوّار

كوني متيمةً بي يا شهرزاد...
فأنا متلفُ القلبِ وحزينٌ كشهريار...

كان نبضُ الهوى
موقداً من زيت العناد
كوني متيمةً بي...
غافلةً عن نواميس العباد
مثل خطيئةٍ لا تمطرها سحائب استغفار
إن الهوى جرمٌ
يجهلُ التخلي عن مزالج الاستمرار
كوني متيمةً بي
كما يدمن الذنب الفجار
ودعي أقدامكِ تزلقُ في دروبي
حدَّ التهشمِ والاحتضار
ودعي نجمات وجودي
توقِدُ بالأسى
قبائل الجنِّ وظلمة الغار

ليس حبًّاً ما يتوب عنهُ الفؤاد
وليس حبًّاً ما يستحيلُ إلى اعتذار
كأنما لم يكن أكثر من سرابٍ
اطفأه جفاف الدمعِ وطول الانتظار!

كوني متيمةً بي يا شهرزاد
كحزنٍ أبديٍّ لا يشفى
كيما أكون للأزلِ قصيدةً مائية الأشعار!

رسمكِ الغيمي

ما تكون الشاعرية والمودة والمحبةُ
والعدل والقسط والضمير :
فقاقيع هواءٍ دون عطركِ الأنثوي
يسلبني ثملًا من قفص الوجود الشرير
ما تكون الأخلاق والأمانة والوفاء
إن لم تعزفي بينبوع مياهي لحن الخرير؟
هذي القفار خاليةٌ من الأمل
تشهقُ طعناتِ المثاقب وحرقةُ الغازِ منها الزفير
وأنا كائن محتضر في حافلة المنيَّة
لا أكترث بعد خسرانكِ أيَّان المسير

أدخنة المعامل والمصافي تتزاحمُ متكاثفةً بالأثير
ترسم زرقة الأجواءِ بحليب الغيم
وأبخرةُ الغليِّ المحرق كالسعير
تحتشد ممثلةً هيئتكِ
فأبصركِ ممددةً والسماء السرير
رسمكِ الغيمي يدمرني
ويتلف بصيرة لبي... يخلفني حطاماً ضرير
يعذبني حتى تخوم التلاشي
بذكرى لحمكِ الرخو كإسفنج العصافير
كأنكِ من قطن النبتِ...
كأنكِ طيفٌ يقترب لينأى ويطير
بعيداً تسافر أشباحكِ الماسيةُ
لأفلاكٍ لا يراها إلا العليُّ الخبير
والبحرُ أفقٌ يطويكِ لؤلؤة
لا تقطن عالم أصدافي الصغير
أحسب أني حرمتُ دفء فرائكِ
لأنكِ من غزل الحرير

يا لبوة تذيب فتنتها ثلج الفؤاد
وصخرُهُ بجحيم فقدان مرير
ها قد عصف بالروح
من أعاصير حرمانكِ زوابع زمهرير
ما تقطفُ الحقائق والوقائع
من يد الأقدارِ أحلامَ شاعرٍ غرير!
قواقع من قشدة الوهم المزيف
نبضات حياتي وعشقي الطفولي الكبير

ما عاد حباً بسيط التقاسيم

ما عاد حباً بسيط التقاسيم
ذلك الكائن المحتضر الذميم
المأسور كالعصفور في قلبي الكسير
استحال شيئاً مبهماً
يتخفى بكهف السديم
كمومياء تنهض من مقابر الأهرامِ
لتلعنني بالصميم
استحال جبالًا جليدية الزمهرير
تذوب طوفاناً من الشرِّ دون نذير
تقتات عطفي وإنسانيتي
وتخلقني من جديد
مسخاً وحشياً يفتك بالمودة
ويصنع الأذى الشديد

ما علمني الحبُّ يا من طعنتني بأسياف الحديد

حتى أسميتها سيدة الأنواء وأميرة النحس العظيم

سوى الحقد والبغضاء والحسد للعالمين

سوى المقت والكره والطمع والحزن الدفين

ما علمني الحبّ سوى أن أكون شيطاناً رجيم

أيتها الساحرة الشمطاء ذات الصوت الرخيم

هكذا حصاد الهزيمة والفشل بمعارك الجنسين

رجل محطمٌ بإسفنج الفؤاد يمتص باقيات السنين

المرارة المزخرفة بعلقم الكآبة وخيبة الحالمين

حبكِ معزوفةٌ تقطر ينبوع حرمانٍ وأنين

حبكِ نايٌ يوجعني آلاماً تجرح كالسكاكين

حبكِ كالحياة الدنيا خسرانٌ يتدفقُ كنهر السين!

29

عودي بأحلامكِ وكوابيسكِ إلي

أناشدكِ عودي بأحلامكِ وكوابيسكِ إلي
يا زنبق الوادي وياسمين الليالي وأقمار الحيّ
أحب مذاق خديكِ يذوبان في فمي
مثل حلوى الخطمي وعذب مياه الريّ!
أحب غزل البنات النامي كالزنابق بشفتيك
أحبكِ وجعاً يتشهى عذاباتكِ والكيّ!
فلماذا هجرتني محروماً من ظلال نهديكِ
ولم تمطريني بشلال خصلاتك السود ملجأً وفيّ؟

أيتها الحزينة كأغنية لقيصر ساهر

أيتها الحزينة كأغنية لقيصرٍ ساهر
اغفري لي خطيئة طير صدري المهاجر
فنحن لا ندرك قيمة الأشياء النوادر
إن لم نودعها مع الريح إذ نسافر!
فلولا الاغتراب عن زيف المظاهر
يا حبيبة قنديلي وعشبي الشاعر
ما كنا لندرك ما تخفى بكل شيءٍ من جواهر

أنتِ دوماً بخيالي

وأنفر كالذئاب معتزلًا كل الخلائق لأقطن وحدتي
ويخالني الناس غليظ القلب منطوياً بقواقع عتمتي
إنهم يا حبيبتي لا يعلمون وكالعُمْيِ لا يبصرون...
لا يلحظون بمرآة العيون...
طيفكِ السابحَ بوجداني... طيفكِ الحلو الحنون
أنت دوماً بخيالي
نجوماً ترصَّع بها سقف بالي
وقنديلًا ينير حزني وظلامي
أنت دوماً تشاطرينني زاد أيامي
وتقطنين أحلام يقظتي ومنامي
ألقاك كلما طرفت عين وسهت أفئدة الصدور
لن أعرف الوحدة مادمتِ كنزاً مقبور
بجدران قلبي العاشق المفطور

لن أعرف الوحدة مادمت بعقلي ورماً مبذور(*)
وجوهرة تومض كالألماس بثريا الأوهام
يا سراب أحلامي المستحيلة وحزين الغمام

(*) تشبيه للورم ببذرة.

33

أنسجي أكفان جمالكِ

يا حبَّ عمري المغطى بسعف النخل

وياقوت القصائد سراً مدفون

ترهَّل صدرك المرمري وجفَّ وجهكِ

وحفرته التجاعيد والغضون

ما عاد الربيع يطرق بلوعة المتيمين

وأشباح الغزل كوخك المسكون

وحلَّ الخريف بكهفك السحري

ليرقب أوراق فتنتكِ تُسقطها السنون

يا حب حياتي الذي لطخني

بآثام الرغائب وسوء الظنون

زحفت على حسنكِ ديدان الكهولة

وأنبأت بقرب المنون

فانسجي أكفان جمالك واغمسيه بكافور الدموع

34

وتمددي بتابوت الحسرة حزينةً بفؤادٍ مفجوع
سترقبين غداً شبابك الذاوي
ينساب من أناملكِ بغير رجوع
ستسمعين قهقهاتي
كرجل ممسوس بالجنِّ ومجنون مصروع
أقهقه كالشيطان لتخوم الموت
زوال سحرك من قلبي المخدوع
غداً تبكين... تبكين بآلام الفقد
ونار الثكل وجراح القلب الموجوع
تبكين ماء المآقي
وتغرقين الدنيا وجثماني بحيرةً وجدولًا وينبوع
غداً أشفى من سقم الحبِّ
وأتوب إلى الله من إثم هواك الممنوع
لا تعود رؤيتكِ سكيناً يمزقني
بصميم كياني ويملأ روحي بصدوع

أميرة المحار

حدث ذلك قبل عشرين حولًا بجزيرة تاروت الخضراء

التي قطعت ضفائر شعرها النخلي

باسم التمدن والارتقاء

وتغربت مرغمةً عن بحورها المطموسة الزرقاء

كان العمر ربيعاً والشواطئ الذهبية الصفراء

تتدفأ بقطعان الموج من برد الشتاء

على صخرة جيرية بيضاء

جلست محدقاً

بزجاج المستقبل المصدَّع بالهواجس والتخوفات

طفلًا بلغ الحلم منذ بضعة أيامٍ قليلات

طفلًا تزاحمت بسقف سمائهِ سود غمام الشهوات

يومئذٍ رأيتها للمرة الأولى

لؤلؤة كبيرةً تغفو بقدسية وكبرياء

ملاكاً يتلألأ بأحشاء محارةٍ محكمة القفل والإغلاق

أميرةً محبوسةً بأعماق الصدف

لتنجو من سطوة الفساق

محميةً بتعويذةِ ساحر منعزل جبار

رأى مرمر ساقيها وقناديل مقلتيها

تُراقص كالفراشِ الأسحار

فهام بحبها متيماً يناجي الليل والأقمار

ويشكو وجع العشق للطيور والأنهار

وفي مساءٍ حزينٍ ألقى عصاه العوجاء

وأطلق سحره الشيطاني عاصفة جانٍ هوجاء

خطفتها بغمضة عين من حدائق الآباء

ساعة تفتقت محاسنها وغدت وردة باسمة حمراء

حملتها كما بساطُ السندبادِ لتأسر بين جدران المحار

حيثما اختلى بها الساحر وحيداً ومقصى عن الأنظار

37

وحيثما فارقت للأزل تربة الأرض وأضواء النهار
كالنجوم قصية لا يحظى بملمسها إنسي ولا جان
تشيخ بغير دراية لحقيقة مأساتي الممتدة كالبركان
لا تفقه مدى حبي لها وكيف حطم مني الأركان!

رأيتها للمرة الأولى
تتأمل الكون من نافذة مسوَّرةٍ بالقضبان
محفورة بجدران محبسها الصدفي
لئلا يخنقها الحرمان
إذ حاولت قتل نفسها
تحت وطأة العزلة واليأس والأحزان
لا تدرك معاناتي الأبدية
رازحاً بأثقال عشقها والهيمان
أحمل همّها فوق أكتافي الهزيلة
كأني أطلس وهي الأكوان

لا تبصر كم دمرتني شهوة التبدد

بشفافيتها المائية الألوان

ولا تشعر أبداً

بجنوني المحموم بروحانيتها حدَّ الهذيان

تسكن أفكاري بلا رحمةٍ

وتحسب أن ذكراها مغرقةٌ بالنسيان!

قضيت فصولًا

أبعثر ساعات العمر هباءً فوق الشطآن

أسترق الوقت لعلي ألمح منها

طيفاً يروي القلب الظمآن

وأغرق شموعي

بدراسة مخطوطات السحر وتراث القدماء

ضائعاً برحلة بحثي السرمدي

بطيات الكتب وتعاليم الأنبياء

أرتجي ولو بصيص نورٍ مُغمَسٍ

بنبع الفضيلة وبئر النقاء

يهدي لطريقةٍ لا تضاهيها حيل الإبليس مكراً ودهاء

لطريقةٍ فريدة

تخلصها من تعويذة المشعوذ لعالم الضياء

وتعيدها ليملأ الفردوس كياني

وتتقدس بخاطري رغبة البقاء

غير أني ماوفقتُ لقوارير تنجيها

وخاب بصدري كل رجاء

أسفت الريح بآمالي الكبيرة

وتفتت جبال أحلامي لغبار الهباء.

أدمنتُ هواها محموماً مهووساً في وحدتي والخفاء

طمستُ بالصمت لوعتي

وكتمت عشقها المخصب بالأخطاء

غير أني فضحت به مستلباً بينابيع عينيها السوداء

ومهما جاهدت قبره

40

تبدّى لأعين الآخرين ساطعاً كالأنواء

ورغم أني ما أفصحت به يوماً
وما همسته لقفراء الخلاء
ورغم أني طأطأت رأسي
لئلا تلمحه بتقاسيم وجهي السماء
وجدته نقشاً برثاء الآخرين وشماتة الأعداء
وقرأتُه بتعاطف الإخوة واتهامات الأصدقاء
ولمحته بوجع مثل فاجع اليقين بريبة الأقرباء
حبي الخفي للأميرة الحزينة الشاحبة
غدا سراباً ويباب
خرافات شاعر تاه في البراري
واعتزل الخلق مثل الذئاب!

يا من لرخام بيدائها لون الياسمين

يا من لرخام بيدائها لون الياسمين،
أعيدي كهولة أيامي وحزني الدفين،
واتركي كحولة ليلي تلتهمني التهام الجائعين،
اغربي حيث لا ضوءٌ يبين،
إني أقسمتُ بخالق غيمكِ وحلفت اليمين،
سأهدم معابد عشقكِ الناري وضريح فؤادي
كي لا أميل ولا ألين.

ارحلي للمنيةِ أيتها الشرسة الحقودة،
إني لأمقتكِ عدوةً لدودة،
قوّضي ما شئت من حطامي كما عهدتكِ تفعلين،
تقوضين الحلم وتحطمين وتدمرين،
تكنسين الشوق وتحرقين للرمادِ الحنين،

أعيدي ماضياً كنتِ فيه غريبةً

وكنتُ عنكِ من المنكرين،

لئلا أقاسي صداع هواكِ اللعين،

يا من لرخام بيدائها لون الياسمين.

ليكن رحيلكِ إن حبي لا يتغير

ليكن رحيلكِ إن حبي لا يتغير
بقصتنا كنت دوماً من يعشق أكثر
حبكِ في القلبِ طفلٌ ينمو ويكبر
أنتِ تحتلين كياني شيئاً فشيئاً
مدركٌ أني لنفسي سوف أخسر!

أوما زلت تخافين رحيقي،
وتخافين فماً يفنيكِ سكر؟!
لا تخافي حظنا غادرنا
امتطى الهجر وأبحر
كل المسالكِ بيننا أشواكُ موتٍ وأخطر!
كل الطرائق مسدودةٌ
ولا سبيل يعانق قلبكِ المرمر!

اتركيني وارحلي
أينما شئتِ ولا ترجعي
واسكني سفن السفر
وسأبكيكِ بدمعي
جواهر من ألماسٍ أصفر
وسأخفي هواكِ بأضلاعي
كيلا يلمحكِ البشر
ولا تدنس منكِ الصور
ستظلين دوماً بفضاء الفكر
أجمل حزناً من ضوء القمر
وأظل أحيا لأجلكِ أشباحَ ساهدٍ يسهر
يبني بالنجوم والزمرد الأخضر
قلائد من ماس تحلي عنقكِ
وتغوص ببحر نهدكِ المعطر
ألا ليتني كالريحِ بلا قيدٍ مُحرر
لسافرت في كهوفكِ محموماً مخدر

لسرقت من شذا رملكِ
قوارير مسكٍ وعنبر.

ما كان وقوعي بهواكِ إلا قدراً مقدر
لا تحزني... لن تخسري حبي
مهما كبرتِ بسحر عينيكِ سأسكر
ليكن رحيلكِ إن حبي لا يتغير
بقصتنا كنت دوماً من يعشق أكثر.

لقاء عابر

اليوم يلتقي لقاءً عابراً كوميض البروق
العاشق المهشَّمُ وظل حسنائه المعشوق
ليهيم كالفراشة المنتحرة
بنار نهدها الشهي كفواكه البرقوق
حتماً لسوف تتلاقى بغامض الشوق العيون
وتشع كالجمر حكايا من بخور الجنون
حتماً لسوف يقصُّ لها قصة التاريخ
وما تفسَّر من فلسفة الحكماء ومشيئة المنون
وتبوح لهفته رغم الصمت العميقِ المدوزن بالشجون
كيف عجزت أمام خلود جمالها الأزلي تجاعيد
السنون
ولربما أفصحت نظراته الحرّى كجراح الزيزفون

بما يوقد في الآخرين شرارة الشك وشعلة الظنون
لكنها لنرجسة الحسن الذي شوَّه وجه عاشقها
بالأسى
لن تبصر من غمامةِ نفسها سرَّ هواه المكنون
وستذبح برفرفة أجنحتها المهاجرة قلبه المحروق
ويستحيل اللقاء رماداً كعنقاء المحال
ويفنى العشق ثعباناً ذبيحاً ومخنوق!

كلُّ شيء عابرٌ في السنا المتلألئ بمجرات تلك
العيون!

الورد الذابل

لابد لي أن أتيَّم بالورد الذابل
كما يتيمُ بالهاوية الطفل الذاهل
لأن الدرب لعينيكِ مسير بغير طائل
وأفياءُ ضفائركِ مسوَّرةٌ ببدويٍّ الخيام
محرمةٌ كملمسِ آلهة يونانية القوام
على شبحي الشحاذ السائل

تميمة من ذهب الشمس

إيهٍ حبيبتي
يا تميمةً من ذهب الشمس
تستريحُ في كفن الضريح...
كيف لي بعدكِ أن أستريح
كيف لكنزِ عينيكِ
في حفرة الظلام الدامس
ديدانُ المنية تستبيح...
كيف لنارنج نهديكِ
يمضي غباراً
وله بجفاء الصبر لم أستبح ولن أستبيح

إيهٍ حبيبتي
يا ملاكاً من حرير الهمس

50

تستريحُ في كفن الضريحِ...
ولا أستريح... لا أستريح

إيهٍ حبيبتي
ذهب العمرُ وانقضى عزف البصر
حلماً بنهود التبر وممالك السكر
وارتحلتِ كهودجٍ مسحورٍ بضوء السحر
أغارت عليهِ تنانين الحفر
وارتحلت للضريح
ولبثت وحدي كجنديٍّ جريح
ما شفت أطيافكِ يوماً ظمأهُ القريح
وما ارتوى من دنان شفتيكِ
بهجير الشوقِ غمائمَ المطر
مثل مستذئب أسيرٍ تحت ضوء القمر
لا أملك أن أستريح... ولا أستريح

أسعدت صباحاً يا هرةَ الليالي الخريفية

أسعدت صباحاً يا هرَّةَ الليالي الخريفية،
الأشجارُ خلف النوافذِ أضحت عارية،
وما عاد بمقدورنا أن نرتدي منها الظلال
لنسرق قبلةَ حبٍّ هاربة من نواميس الضلال
إنهُ البلاغ باغترابٍ مقيمٍ
وشمسِ سعادةٍ سيحتضنها سريع الزوال

كلغزٍ يبدو لي هذا الحبُّ المحال
لا أجد الذريعة ولا الوسيلةَ
لفكِّ طلاسمهِ المغلقة على شبح الوصال
في صباحات خمرية النعاس
كهذه الأحلامِ الوجودية اليأس
ستموء أخشاب آهاتك محترقة بالبكاء؛

بغرف بعيدة الغورِ لا يصلها ضوء الشمس
وسرر عاليةِ الستائر ومبهمة الأصداء
لا تمسُّها سلاميات أناملي ولا صلوات الرجاء

أسعدت صباحاً يا هرتي الماسية
على المنضدة المجاورة بأحطابها القاسية
انطفأت في حكايتنا للأبد شموع اللقاء
حينئذ أيقظتني العناكب المسمومة
انقباضةً في القلبِّ قاتلة الغمّة
عرفتُ أنَّ ليسَ
من زواحف المآسي القادمةِ عزاء!

أعاصير الفراقِ تعصفُ
مدمرةً أكواخ اللقاء
لن نلتقي بعد اليومِ عشاقاً تتساقطُ
على أكفهم كعناقيد العنبِ الأنواء؛
ليس لي في الحبِّ حيلةٌ

وما كان لي منهُ حيلةٌ...
ولا أخالُه مجرد إرادةٍ للبقاء
لقد احببتكِ في صمت الملائكة
المسموعِ بأهازيج الماء
دونما بوحٍ يستبيح بِهِ الخلقُ مني سفك الدماء
ذلك أنكِ كنت علي محرمةً وممنوعة
لأني كنت محكوماً بلعنةِ الباحثين عن الماوراء
ولكن مهما كتمت الهوى - يا هرة أشهى من الكرى -
فهو مكتوبٌ بالألحاظِ يراهُ حتى من لا يرى
دمغ الختمُ على جلدة العمر وشاء القضاء.

تعافني بينلوبي الحزينة

ألمح أسراب الغداف بازغةً
- كنذرٍ بألف رمس!-
فوق الأغصان الخاويةِ كنجومٍ لا تأفل
وأحسُّ في قرارة النفس
كيف يعشعش شبح اليأس
ويضيعُ عبثاً في رماد الضلالةِ كلُّ قول!
إن هو إلا حتمٌ وشيكٌ يا ضباع الإنس
وتعافني بينلوبي الحزينة
وتكسرُ من ضجرٍ بي أخشاب النول!

قلبكِ حجر

يا قاسية قلبكِ حجر
وأنا الحزينُ كغيمةٍ أفرغت كلَّ المطر
أهواكِ مثل دميةٍ لا تشتكي شدَّ الشعر!
وأنا الحزينُ كآلةٍ للشجوِّ...
في غسق الهوى،
تنوحُ أنسجتي كجمر الضوِّ
وتنشُجُ بالبكا
ما ارتعشت من الذكرى فراشات الوتر!

يا قاسية قلبكِ حجر
وأنا حزيــنٌ كخنجر
بخاصرة الغروبِ يبكي الشفق
وأنا حزينٌ كظلال اللقلق

وأنا حزينٌ يا تفاحة الشيطانِ
مثل آلام الوتر
نقشٌ على غمِّي القدر!

يا قاسية قلبكِ حجر
وجهٌ لمأساةِ البشر
القبحُ فيكِ لا يرى
إن الجمال أقنعةُ الدرر!
وأنا حريــب
حبًّا بِهِ القلبُ انفطر
ما لي بمحجر عينكِ دارٌ ولا ناقةٌ
لأنيخ عن ظهري أحمال السفر
أجري بعري الرضيع خلف صقيعكِ
فيذبحني الشتاء بمقلتيكِ الدرر
وبينما تجف حياتي
وحيداً بعزلتي... كبيداء قفر
لفرطِ ما أحببتكِ وذرفتُ عيني

خلق الربُّ من أدمعي ألف نهر!

اوّاهِ يا مجمدة المشاعر
يا من لا تبكي كتماثيل الثلج!
ما من وصالٍ يا بومةَ الليل والنوى
جفت حياتي ضَوراً بظلامية هذا النهج
يا ويح نفسي ما عرفت غير الكرى!
جفت حياتي وحيدةَ السُرى
وانطفأتُ كمنقرضِ القرى...
كهياكل منسية الذكر!

يا قاسية... قلبكِ الحجر!

وحشة الكون

هذا الكون مخيفٌ وموحلٌ وموحش
الغربان على أكتافي جاثمةٌ...
تمضغ عينيَّ وتنهش
وخرائبُ أكواخي
في سيرورة الجوف المظلمِ
مثل البسكويت الهش
هذا الكون مخيفٌ وموحلٌ وموحش
الغربانُ على أكتافي
وبسحنة وجهي تنهش
والعقبان على رأسي زوبعةً تحوِّم
تحلم ظمأى لوليمة لحمِ مسمومِ الألم
هذا الكونُ مخيفٌ وموحلٌ وموحش
كاستراق نظرةٍ من شفير العدم

حيث تحتضر من سغبٍ للأبد الذئاب
وتتقلب الوحوشُ من نهمٍ للجريمة
في أقاصٍ لامرئية السأم!
حيث لا يسبرُ غورٌ للعذاب
حيث لا نهاية للظلم!
هذا الكونُ مخيفٌ وموحلٌ وموحش
طفلٌ كياني أمام ظلالِهِ الشبحيةِ الأقدامِ
وهو يزاول إرعابي المعتمِ ويصارع أحلامي
جيشاً من فزاعات القش!
كفاني ما جهلت من الماضي
وما محتهُ من ذاكرة السيرة
أيدي النسيان بجورٍ قاضي:
طفولة فقدتها وكان فقدانها أعظم إجرامي
غريبان لو تقابلنا لكان البغضُ فرقنا
ولو ساءلتني أين ساء الدربُ
لجرجرتُ أشلائي مخزياً بفداحة ظلمي وظلامي
ذلك الطفلُ المؤطر في صورة الألمِ

دفنتُه أخطاءُ الزمان بغيِّها... دفنتُه آثامي
وأنا دفنتُه تحت جلدٍ أخالُه كذباً من نسيجٍ آدمي
يا ويح فعلي... قتلتُه لأواري عنهُ سوأة أيامي
دفنتُه يا ويلتي بلا معولٍ ولا مجرفةٍ ولا رفشٍ
في فراش الليلِ تقلقني بأقفاص صدري
رياح الخواءِ الصموت
وأحياناً أخادع نفسي بوسواسٍ مكبوت
أتخيله مختبئاً بهلعٍ في دولاب الروح
لأفجع فجأةً بغبارِ زوبعةٍ من عثِّ الفراشِ
أهجسُ بماضي النبضِ
وأخالُه بقبر الطينِ ينقر التابوت
يراقبُ كيف أسعل التراب وأنتهي وأموت
ويحلمُ ككئيب الخرافة
لو يحضنني كالرضيعِ تحت أخشاب نعشي
حين تضحك جماجم الموتِ من أصحاب العروش.

كتاب الحبّ

الحبُّ كتابٌ من بيض الصحاف
أطويهِ تحت أجنحة اللحاف
أذخرُهُ في مخازن الحيطة للشتاء
لربما عرفت من أكون يا جنية الزمان
برغم ما مضى من سنين تفرُّ كالحصان
وكم مكثت في الخريفِ كشجر السنديان؛
لربما تاهت ذكراك بأقبية الماضي
فلمحتِ هيكل رجلٍ أنحلهُ الحرمان
فتذكرين كم كنتُ ومازلتُ
أهيمُ بعيونكِ الحوراء؛
لربما خذلتكِ يوماً إرادة الجفاء
بأجنحة فراشةٍ تحطُ بعد أسفار العناء
على أنفي السقيم بالرعاف

محترقاً من وهج طيفها الشفاف
أذوب من نار وصلكِ لرماد
ملامساً أسمى الوجود كيوم المعاد
مدركاً معنى الحياةِ وطعمها الأخاذ
فانياً من جمر شفتيكِ العابقتين بالورود
في قعر قلب حياةٍ لن يبلغها العباد!

غزالة الحبّ

لقد فرَّت غزالة الحبِّ من مراعينا حائرة

إذ تهشم البساطُ الأخضرُ لمشاعرنا

كأنما لم يحتسِ قطرةَ عشقٍ منذ السنين الغابرة

ولبثت ذئباً ينوحُ على فقدكِ في الليالي المقمرة

وبزاقات النجوم المتطايرة

تسائلني بطنطنات ساخرة:

لو كان حبك ساحراً كجنِّ الحكايا

فعلام كانت المعبودةُ بدمعك كافرة؟!

64

أطعميني أيتها السمراء

أطعميني أيتها السمراء
من قصعة صدرك تمرة
فأنا جائعٌ كالصحراء
وأمام حسنكِ فاقد القدرة

عيونكِ المها الحوراء

عيونك المها الحوراء

تحلم أشباحنا الجوفاء

لو تسرق من عبراتها قطرة

وتحلم الذئاب والضباع

في كهوف أغواري المستعرة

فيما لو تقعين في يدي

غزالةً بيضاء

ومرمر هالةٍ ملائكية نَضِرة

لما وفرت من لحمكِ العاجي قطرة ماء!

شفاهكِ ثمرة تين حمراء

تعدو وراءها طيور القبرة

المأسورة بالقفص الطينيِّ
لظلال وجودي القذرة:
روحاً خرقاء
لم تستدرَّ منكِ يوماً
عاطفة أو بكاء؛
تلك بأغواري طيورُ القبرة...
تشتهيكِ كي تلمس
بسلاميات حزنها السرمدي
في أسر الخواء
معنى أن تكون أو تسكن
لحظة ضوئية من زئبق الحياة
تشتهيك يا أحلى فتاة
- يا حلوى الخطمي وشعر البنات -
كما يشتهي الحريةَ السجناء.

تشتهيكِ كي تنقر بمناقيرها
أوتار الكمان الكبير الجفاء
حين تتهادين كزرافةٍ سامقة العلياء
وتختفين من عيوني...
كشعاع برق... كسراب الأنواء!

الهوى المتبادل والثقل

أنتِ نهرٌ من العسل
ولكني على شفير ضفافكِ
ناعس الطرفِ من فرطِ العمل
تغازلني كشرنقةٍ من العناكبِ
رغباتُ التقوقعِ في قيعان الكسل
هاقد غدا هوانا المعمرُ فوق طاقات الأجل
مسناً واهن القوى، قد دبَّ فيهِ الملل
إن الهوى المتبادلَ لغمٌّ عظيم الثقل!

دقي بخلخال أقدامكِ الفضي أغشية الحنين

دقي بخلخال أقدامكِ الفضي أغشية الحنين
وارقصي كفراشةٍ غجرية في ظلمة الليل الحزين
واجعلي أستارهُ نثارةً من الضياء
تهمي بنور الثلج على ظلال العالمين

إن أجنحتك تخلق زوبعة الفوضى بفؤادٍ أظماهُ الأنين
فضاع بعدك في غربة الإنسان بغابات الشياطين
يدمي الصبابة – ممزق الوجدانِ بسكاكين الربابة –
قوارير من الشكِّ ممزوجة باليقين
لا يسلم من غواها، إلا من لا يراها،
وصار من الغابرين!

كل النجومِ تحت خلخالكِ الفضي تغدو طحين
فاخبزي لذئبٍ متيمٍ بنصال هواكِ
وجرح فقدك الثخين
رغيفاً محشواً بحليب العسلِ فإن لم تشائي ولن تشائين
أطعميني كسرةَ خبزٍ من لحن همسٍ قمريٍّ مهين
يَحْطِمُ بسموم الهجر وإحساس الخزي المشين
ما تبقى من النبضِ والصياحِ والسنين
بديك القفص الصدريِّ اللعين!

من يحظى بحبك يا حورية الصحارى؟!

من يحظى بحبكِ يا حورية الصحارى؟!
السماءُ شاسعةٌ وزرقاوية الكرى
حين أسجنُ في ألحاظكِ
وأصبحُ ببحوركِ في عداد الغرقى
وحدكِ من يصيِّر قحط القلب القاحل رياضاً عابقة
وحدك في هجير الظهيرة الحارقة
من يهب الفيء لرجوم غضبي
وأوجاعي الصاعقة.

من يحظى بحبكِ يا حورية السلام؟!
وحدكِ الملاك الحارس من أبدية الظلام
لرجل سبقتهُ القطارات إلى الرحيل
محملةً بحقائب الأحلام

-كأنها السرابُ لرهطٍ من الرعودِ البارقة -
وحدكِ عسل الأسطورة
لرجلٍ ذرف رمل العمرِ بلا خرافةٍ صادقة!
لرجل عرف الوجود أماني روحٍ مأسورة
تمرُّ أشباح الفرصِ أمامها مرَّ الغمام
لدَّاغةً كالأفاعي الغادرة
مُكهرِبةً كمثل سهامٍ مارقة،
لأن رواية قلبِهِ المكلوم كتبت من حبر الأوهام!

من يحظى بحبكِ يا حورية أحلامي الغابرة؟!

من يحظى بحبكِ يا حورية أحلامي الغابرة؟!
إنَّ القلب مثقوب بالوجد
وما من نبضٍ بحشايا الفؤاد يكفي
كيما تبلغكِ أقدامي السائرة!

هل أظل أرسمكِ بخيالات نفس خاسرة؟!
أتمرغ تحت نعليكِ
وأصرخُ من هوىً لآلامهِ تتعذب الخاصرة
تلف العمر وانقضى وأنت ما زلتِ محفورةً بالذاكرة
طيفَ فراشةٍ أحرقت قلبي بأجنحة عطرة
لتغيب ولا تعود، مخلفةً هيكل عاطفتي قريةً مدمرة

أفتقدُ

أنقبُ كقطيعٍ من الفيزيائيين الجيولوجيين
في قمامة الذاكرة
لعلي أبلغ الأسباب التي صرمت وصلنا
وفرقتنا يا هاجرة!
لعلي أسترجعُ من أوهام وجودي
ما أحسستُه نحو مبسمِ ألحاظك الساحرة
ما ظننتُه حقاً من قيم الوجود النادرة
ثمة موتٌ يتلبسني
وشعورٌ بالضياعِ أضاجعه ويضاجعني كالعاهرة
وحيداً في فراغ كينونتي
وخواء الحياة المثلجةِ السافرة
أفتقدُ الكيفية التي أحببتكِ بها بتلك الأزمنة القاهرة
كنتُ أتشهاكِ كأشعار القصائد الحزينة

وأحتاج يديكِ المرمريتين على خاصرتي الثخينة

كما تحتضنُ الفرسةَ الوحوش الكاسرة

أفتقدُ كيف أحببتكِ ولم أعد

كأن الماضي صندوق كنوزٍ خاوية!

أفتقدُ الشعور الذي سكنت روحي

أشباحُه المحجوبة الهوية

كحزن الماندولين ووجع الأمواج الثائرة

حيث كانت تضيء أطياف ذكراكِ

أزقة سجني في كلِّ ثانية ذاوية

حيث كنتِ مخبوءة في أصداف كينونتي كأجمل درة

إذا ما هربتُ لملاجئ وجداني

من كدح أيامي الجائرة

تمسحين من قلبي الغمامَ وتغمرني فراشاتكِ العاطرة

أفتقد الشعور بأنَّ هيامي بكِ مثل السماء الماطرة

ومثل قنابل للموتِ حنيناً يغلي...

ما نبض القلبُ إلا واشتعلت أوجاعاً متفجرة!

نهاية الطير

هل كان للطير حلمٌ إلا بأن يرتفع؟
فوق البقاع التي محت ذكرنا، وكلَّ شيءٍ ممتنع!
ليس السبيلُ إلى الإرادةِ سالكاً
مثل التزحلقِ فوق صحراء ثلجِ الجبل المرتفع
إن أجنحة الفراش على خنجر الأيام حتماً ستتقطع،
والقبرة التي تغني منذ باكورة المهدِ كرجع القواقع
عن خزائن وهميةٍ لا تروي نهم وجودنا الجشع
سترى الأعشاش خاويةً ومهجورةً وما من مستمع!

هكذا هو قيثار الموتِ في عشقه للفواجع
يا حبيبتي الشبيهة بأجراسٍ
من ريش الكناري الساطع؛
معزوفةٌ من يغازلُه تيارُّها ويغويه

لا يجد السبيل كيما للماضي يرجع،
وكما يذوِّب قهوتنا همس الحبِّ الرقراق،
كالبجعِ للغرق في جداول المنيّة نندفع
كأن في شمسهِ المظلمة الآفاق،
دفء السكينة عنقود لؤلؤٍ براق
مزيًّا بياقوتٍ يضيئه ازرقاق... ذو نجمةٍ تسطع!

تلك عيونكِ الشاردة نحو جحيمي من نوافذ البرقع!

الملتحف بكنزة الوفاء

ما لي ألتحف بكنزة الوفاءِ
لعشقٍ أمرضني سنيناً ومثل الكلب
يعوي بألسنة التوسلِ
أمام بابكِ الموصدِ هذا القلب
ما لي أراني بلا حولٍّ
أمام لآلئ حسنكِ
كروحِ أضحيةٍ لا منجاة لها من السلب
سهام عيوني تتكسرُ أمام جدرانِ غزلانكِ
يا جفاءَ النائِّ لمرضى السلِّ
يا وعد بينلوب المنسوج في أكذوبة الغزل
كم أفرطتُ في هواك وكم شبحي معذب!
تهجرين جنون وجدي وأنا منخطفٌ
بسحر خيالاتكِ المشعةِ كبرق خُلَّب

لك النبضات النائيةُ بلا همس
فراشات تذوبُ في ألسنة الشمس
ولي يا حبيبتي من صرم وثاقنا السرابيِّ الحبل
ألماسةٌ تفحمت بأضالع صدري المكبل
تلفظُ الأنفاس بحقد يتناسلُ كالطحلب
ويطفئ فوانيس المسرّة للأزل
فريسةً تنهشها
بعد وعثاء حبكِ القاسي عناكب التعب!

المراقب

كنت أستطلع حلزون الوقت القديم
يزحف نحو هاوية العدم أو الجحيم
ليسدل الستار على مغزى الوجود العقيم
لم أكن أملك عمري القصير
لأبلغ من الأبد النهاية
لَترَاني في سعير المصير
شكوة رمل تسفي بها رياح الغواية
وينساب بعروقها نهر الموت الرخيم
مرثية انحلال لأنفاس تختنق بالصميم
ما رقصت عقارب ساعاتها
لتخلق الشيء العظيم!

الحبُّ يقظة من حياة الموت

الحبُّ يقظة من حياة الموت
كأن نتنفس الطلقاء قبل رحيل الوقت
ونكسر عن الرئة الغرقى زجاج الصمت
بعد الولادة من غياهب الجب
الحبُّ كأن تتراقص زرازير القلب
على عزف أجراس نهدك المذهب
ويضيع من كناري الفم
أمام ماء حسنك العذب
بوح الكلام الكليم الصوت
الحبُّ كأن أكون لك قبلة مسمومة
كل الذكريات دونها هباءٌ... هباء
وهي وحدها نعماءُ الديمومة
إذا ما محت أشباحَ روحي المحرومة
للأبد من مقلتيكِ ملائكةُ الموت

غداً سوف ألقاها

غداً سوف ألقاها
وأبكي بين عينيها ضحكاً حزيناً يفجعُ القمرا
يا ليتها تبصر الدمعَ
الذي يهمي على الوجناتِ كالمطرِ
أخفيهِ عن ماء الترابِ
كيلا يبوحَ الدهرُ بما ابتلاني بهِ قدري
وأداري آلامهُ بالغرس في نبض الفؤادِ الخنجرا
غداً سوف ألقاها
- وبي شوق للقياها يغشي البصرا -
لتذوب روحي في ثنايا طيفها الرحال أوتارا
تغزل النجمات أقراطاً من الألماسِ
وعقد لآلئ لن تلمح بين هضابها الفجرا

سأخفي

كما كتمتُ عشقاً أضنكني حدَّ اجتراع سموم العدم
سأخفي بحيطة قارون لكنز الأساور والحلي والألم...
عن فستق ذهنكِ الشامي كنوز المعارف والأمم
إنَّ لدي من أسرار الخفايا وجحيم الطلاسم
لما تنوء بحمل مفاتيحهِ الفلاسفةُ وكتب الحكم!

سأخفي عنكِ وأكتم
كيف الأفلاكُ حول حسنكِ تطوف وتحوِّم
– كعقبان جفت حلوقها من ظمأ إلى اللحوم! –
وعلام ينتحرُ الغروب المحروم
نازفاً من فرط الحنين لنهديكِ أنهارَ الدم
سأخفي عنكِ وأكتم
كيف يُحسب الزمانُ وينساب صهيلًا من نبض النجم

لعل سرمد الجمالِ ببسمتكِ يسهو
عما علاني من الشيخوخة والهرم
لعلي أسرقُ من النظرات أكثرَ مما أحرم!

أوَّاهِ يا حبيبتي الحريرية الجنحان والمرمرية الملمس
لن تطلع عيونكِ أبداً عما بجعبتي من أباطيل الحكم،
إني متيمكِ الحزينُ لفقدكِ
منذ فجر الزمان الصدئ القدم
أحبُّ رجوعكِ الأزلي لي
بكلِّ ما فيهِ من المآثم والنقم
أحبُّ رجوعكِ الأزلي لي
- كالمنتظرين للخلاص المقدس -
تهاتفني أطيافكِ الوامضة بريقاً من الجواهر النفيسة
كلما قضَّت راحة مضجعكِ أسئلة الوجود الكبيسة
وتحطمت عمائد السكينة اللعينة
كأن لا جدوى من بديهيات إقليدس!
وكلُّ شيءٍ تهاوى من حولكِ وكلُّ يقينٍ تهدم

فما عاد يجدي نحو الكلام الفصيحِ المرنَّم
ولا تسمن أو تغني من جوعٍ فضائح النسم
ولا تفاسير الظواهر المثيرةِ لخيالات السأم
لأزرع في طيفكِ الطمأنينة
وأحميكِ كالملاك الحارس
من شبح الجهل الدامس!

أحبُّ رجوعكِ الأزلي لي
- كالمنتظرين للخلاص المقدس -
كلما أعجز عقلكِ المعطر بالوردِ الناعس
والمزيَّا بريش الطاووس كالأميرة الحوراء
الغافية بلا غمَّةٍ في عروش النعماء
كابوس الواقعِ الفكري الكئيبِ وتاريخ الوجود المندرس
كلما استعصت عليكِ الحياةُ بقوانين البقاء
وما أسعفتكِ الحيلة
ونهش ضفائركِ يأس الكسل المكرس
خائر القوى...

ما عاد قادراً على حماية رملك الأملس
من غزو الغضون وأخاديد التجاعيد ككلاب الحرس
لأبزغ في فضاء حيرتكِ المظلمةِ مثل أسطورة الفارس
وأخطفكِ من براثن الغد لنسافر في زنابق الأمس
حيث أمسحُ عن عينيكِ الغشاوة
وتخلعين عني أقنعة البأس
حيث أوقد لك فانوس البصيرة
كلما أرويتني عذب الكأس!

الحصان الأبيض

أيها الحصان الأبيض
كجنةٍ من ثلج
من رماد الجحيم تنهض
أيها النهد البض
كفطائر الجبن وحلوى الخطم
ككوابيس تقضُّ المضجع
لا ترأفُ ولا ترحم
إلام تملكني هواكِ كمَثلِ النعش
يقود خطى الأشباحِ
حيث تفنى ولا ترجع
لتسكن حفراً
سقفها الأزلي تراب الرفش!

علام أصلي لوصالكِ؟

في الغابات الهرمة
بضراوة أفعى نهمة
أسلمت قلبي لبذرة حبكِ الآثمة
فما كان منكِ يا أميرتي النائمة
سوى أن سفكت دمي
مرثيةَ حرمانٍ لذئب مفجوع
وارتحلتِ للموت بلا رجوع
حتى سفحت الدموع
بحيرة بجعٍ سوداءَ قاتمة
تبكي سراب طيفكِ
في خريفٍ يقتلُه الجوع
فعلام أصلي لوصالكِ

ومن يزرعُ الإثمَ
لا يحصدُ إلا العقوبة واللائمة!
ومن يصطادُ غزلان الخطيئة
تفترسهُ ضباع الليل الهائمة!

ولو أنبئتِ لأسقيتني النجمات

لقد فرقتنا الرياحُ القادمةُ من أعماق اليم
والناسوتُ تتينٌ تنامى حارساً
يصدُّ بالنارِ الليل المحرم
كل الحرائقِ تكرهُ الحبَّ في القلب المضرم
ولو أنبئتِ بما أنوءُ من الوجدِ يا غيمة الهجرِ
لما أقفرتْ بيد أضالعي من مطارحة المطر!
ولو أنبئتِ كم بكِ هذا الجذع الهزيل متيم
لأسقيتني النجماتِ في وضح الضحى...
حتى يكنس الضوءُ ما أسكنتُ الفؤادَ من الغمم
ولأطعمتني النارنج والرمان والعسل المصفى
حتى تراودني المنيةُ لذةً من فرط فقداني الألم
ينداحُ من روحي التي احتواها آلاف يوم
مثل نايٍّ بكى المعبود حدَّ التكسر بالصمم

لو كان لي قلبٌ يحب

لو كان لي قلبٌ يحبُّ
لما كففت عن الأسى والحنين
لصرختُ: "بي من ضنى انتظارِك
سِيرُ الصحارى... ظمأ السنين!"

لو كان لي قلبٌ يحبُّ بجوعِ ضبعٍ
قاسى من الحرمانِ جمر اللهيب
لما كففت عن النحيب
أحفرُ تفاح القلوب على بابك الموصدْ
وأناجي كيوبيد حتى زوال الأبدْ
ليرمي سهمهُ المسددْ
فتسرقين يدي
لكهوفٍ يسكن فيها زئير الأسد

ويورق الريحانُ زهراً يحرق نحركِ
بالعطرِ ما قبلت شفتاي جمر النهدْ!

لو كان لي نبضٌ - ولو عزفٌ كسيح -
لما كفَّ عن البكا قلبي الجريح
ولضعت في قفارِ نفسي كالأفاعي
أبحث عن خطو أقدامي خلف غيٍّ الفحيح
علَّ الروحَ بعد ضلالة الإبليسِ تبصرُ نورها
ويعثرُ الآدمي مني على الحكم الصحيح!

لو كان لي قلب يحبُّ رغم الظلام البهيم؛
رغم الحجبِ وفولاذ المباني
وجلمود العقول ونبيذ الرأي القديم،
لما كففتُ عن انتظاركِ المريض
كشبحٍ يلازم شفق الغروب
بأجنحة غرابٍ مهيض...
أجرُّ أضمدةَ جروحٍ لا أملك منها الهروب
كمومياء لا ترتضي دون الهوى حياة الرميم!

هلمي إلى جحري المفعم بالأحزان

أيتها الفراشة المتلألئة

بنجمات البرقِ المضيئة

هلمي إلى جحري المفعم بالأحزان

لأدلق بين أجفان اللظى رحيقي المسموم

وأبكي بطروادة شطآنكِ موتي المحتوم

وأمضي نجمةً ترصعُ قباب عينيكِ

أو نسراً يسكن قمم الأولمب بنهديكِ

خالداً ما بقيتِ على الودِّ كآلهة اليونان!

94

أيها العشق اللعين

أيها العشق اللعين المحفورُ في حصير الوجد
حيث أغفو في وحدةٍ وألمٍ وكمد
أين كانت عيونها لحظةَ استصرختها عيوني
وتتدى من فمي شوقاً إليها نهرٌ من الزبد
وأين كنت؟! سراب وعدٍ
بحلم لقياها معذب
كالجرو يجري خلف أشباح عطرها
مكدود الخطى ومتعب
أوّاهِ أين كنت أيها العشقُ المكبلُ بالذنب
إنَّ عمري من لظاك مبدد!
تتعاقب السنونُ شيخوخةً بدمي وللأبد
لا يلوحُ في ظلمة المرايا سراب أحد!

95

زبد الفراق ونداء الوقواق

وليكن...
إنَّ الهوى زبد الفراق
وحسرةٌ على حلم مراق
ومن ذا الذي ليس يبكيه
لو مرَّ هارباً منهُ البراق
ومضى بأقبية الحياةِ
بلا نجمةٍ يعانقها باشتياق
ويسكب فيها ظلمتهُ
حتى تعانقهُ حدَّ الاحتراق!

وليكن إذن لحدي - إنَّ قلبي مريض
كهودجٍ ما لامسته هالة الإشراق -
وليكن إذن لحدي كتابوت مومياءٍ...
كشرنقة منسية...

تمتطي حصان الريحِ بحثاً عن سكناها

لعل الحبيبة... قبل قبري تبصر ماضيها

وتبكي حنيناً وإشفاق

كانت بسودِ لياليَّ المنتهى والمبتدأ

وبأحضانها أسهرُ بين عطر وفيء

ولها رمالٌ ضاع مني بها كل شيء

وكانت لي وكنتُ لها...

فجراً من الدفءِ

لا ينتهي بأعشاشها

حتى أتانا نداء الوقواق!^(*)

(*) "الوقواق المألوف: يضع بيضه في عش طائر آخر. ويدفع صغير الوقواق بكل البيض الذي وضعته أمه الحاضنة إلى خارج العش. الوَقْوَاقُ طائر ينتمي إلى إحدى مجموعات الطيور المتشابهة التي توجد في معظم أنحاء العالم. استُمد اسم الوقواق من أغنية وقواق العالم القديم المألوف. وكانت هذه الأغنية سببًا في ابتكار الصوت المعروف بدقات ساعة الوقواق الشهيرة. ولطائر الوقواق منقار طويل نوعاً ما ذو انحناءة بسيطة. وتختلف الوقاويق عن معظم أنواع الطيور، لأن اثنين من أصابعها يتجهان إلى الأمام، بينما يتجه الاثنان الآخران إلى الخلف. وتتجه ثلاثة من الأصابع . عند معظم

97

= أنواع الطيور ـ إلى الأمام، بينما يتجه إصبع واحد إلى الخلف.
ويفضل الوقواق أن يقتات يرقات الفراشات، بما فيها ذوات الشعر
السام التي لا تأكلها الطيور الأخرى.

يبلغ طول وقواق العالم القديم المألوف 30 سم. ولكل من ذكور
الوقاويق وإناثها صدور بيضاء عليها خطوط قاتمة اللون. ولذكور
الوقواق رؤوس وظهور رمادية، أما الإناث فرؤوسها وظهـورها
رمادية أو بنية.

ويوجد وقواق العالم القديم المألوف في كل أنحاء أوروبا ومعظم
أرجاء آسيا. وفي إفريقيا يوجد في جنوب الصحراء.

والوقواق المألوف ـ شأنه في ذلك شأن العديد من أنواع الوقاويق ـ
لا يعتني بصغاره. فهو يضع بيضه في أعشاش الطيور الأخرى، ثم
يتركه لها لتحتضنه وتتولى رعاية أفراخه. ومن هذه الطيور المضيفة
طيور القصب المغنية وعصافير الأقفاص. وكثيرًا ما ينسجم لون بيض
الوقواق مع لون بيض الطيور المضيفة إلا أنه أكبر حجمًا.

يكتمل نموّ الفراخ داخل بيض الوقواق بسرعة ويفقس بيضه عادة قبل
البيض الآخر. يأخذ الفرخ حديث الفقس في التحرك داخل العش
إلى أن يلامس ظهره بيضة أخرى أو فرخًا صغيرًا آخر. وعندئذ
يتسلق إلى أعلى حافة العش، مستعينًا برجليه القويتين، ثم يدفع
بالبيض والفراخ الأخرى إلى خارج العش، ويكرر الوقواق فعلته
هذه إلى أن يتخلص من جميع بيض وفراخ الطائر المُضيف. وهكذا
يتسنى للوقواق الصغير أن يتلقى كل الطعام الذي يجلبه أبواه
الحاضنان." (المصدر: موقع موسوعة الجياش بالشبكة العنكبوتية).

هل للشعر أحقيةُ التنعم بامتيازات المهنة والوظيفة؟

-1-

سحقاً لهذا الزمن الخؤون
لتسألنّهم من ذا الشاعر المسربلُ بالأسى
وما كان من قبلُ وما سوف يكون
فتجيب أفاعي البسمةِ : ظلُّ الجنون
وبائعُ فقاقيع لم ينفخها طفلٌ من قناني الصابون
تخرجُ من شياطين الكلم الموزون
بائعُ كلماتٍ لها سحرُ لبنة الطين
قد تبتني منها عواطفنا بيتاً
يهدهد بين جنباتِهِ الحنين
بيتاً نعلق على مشجبِهِ الأمل الدفين
بيتاً قد يُسكنُ آلامنا كحقنة أفيون!

-2 -

سحقاً لهذا الزمن المأفون
أكلما صرخ الشاعرُ:
أيتها الأقدارُ لا تبخسي حق الفنون
وليكن عسل الزادِ من رحيق الشعرِ
كيما أجد الوقت النفيس المعطر بالزيزفون
للغوصِ في عتمة بئر شكي والظنون
بحثاً عن درر اليقين المكنون
تنير لي ديماس وجودٍ
تلوَّث بسخام الشهوة والمجون؛
لئلا يوافيني المنون
قبل أن أرتكب خطيئة فلسفةٍ عظمى
تضجُّ بأصدائها المعمورةُ آلاف السنون!
صاح مستهجناً أرباب الجرائد والقارئون:
لسنا بمؤمنين أن الشعر مهنةٌ
تدرُّ من ضرعها قطع النقود

العمل الحقيقي يقتضي الموت دفناً
تحت سجلات القيود؛
تحت أكداس الدفاتر والحسابات ومخزون المحصود
العمل الحقيقي يقتضي استنشاق الغبارِ وغاز النفطِ
حدَّ الإصابةِ بالضغط والسكر وسرطان المنون
أما قرض الشعر كالجرذانِ بسحر الحيزبون
فعطاؤُه إن كان ولابد من ثمنٍ مدفوع
دراهم بخسةٌ لا تسمن أو تغني من جوع
ونحن - كمن باعوا يوسف - بالحكمةِ زاهدين!
الشعر يا هذا ينحط بالتبر والمالُ شيطانٌ مهين
ولكيما تسمو كلماتكم فوق أوساخ العالمين
شاءت المشيئة فقر الشعراءِ المتفكرين!

-3-

فلما جاءهم بملسمة المتنبي وجرير
وقال مدحاً أعمى ضرير
يستخرج الغزلان من نوق البعير
دفعوا لهُ ما لا يساوي الحصير!
وحدثوهُ بكساد بضاعة الشعر
منذ قرونٍ لا يعرف لها بداية
حتى المديحُ لا تحتويه المخازنُ أو مقالب النفاية
ومجمعُ الشعراءِ مقبرةٌ بأهاليها خاوية
تعصف على وجودها زوبعةُ المنون!.

مرثية الأقمار المتساقطة

مهداة لروح المرحوم حسن علي الحجاج

﴿يَٰٓأَيَّتُهَا ٱلنَّفْسُ ٱلْمُطْمَئِنَّةُ ﴿٢٧﴾ ٱرْجِعِىٓ إِلَىٰ رَبِّكِ رَاضِيَةً مَّرْضِيَّةً ﴿٢٨﴾ فَٱدْخُلِى فِى عِبَٰدِى ﴿٢٩﴾ وَٱدْخُلِى جَنَّتِى ﴿٣٠﴾﴾
[الفجر: ٢٧-٣٠]

"وليس حريباً من أصيب بماله ولكن من وارى أخاه حريب"

الإمام الحسين (ع)
في رثاء أخيه الإمام الحسن (ع)

قد تتساقط الأقمارُ حيناً وحيناً وحين...
دمعاً للحن حزين...
كلما أوغل العمر حلكةً يبكي ضياك!

قد تتساقط الأقمار حيناً وحيناً وحين
كأجراسٍ من عقود اللآلئ
تنفلُّ من خيط الأفلاك
من قيد المرمر الأنثويِّ الرقراقِ
جرحاً بأعماقي ثخين
ليت للذكرى يا أبتاهُ وفاءً
كيلا تضلَّ السلالةُ عن هداك
إنما العمرُ نسيانٌ
فكم من صديق دعيٍّ
يومئذ وهن العظمُ أمسى وقد نساك
إني مقسمٌ مهما عصاني الشيطان
سأزرعُ في رئتيَّ أوجاع رئتيك
إذ كنت سقيماً تعدو خلف أنفاسك
وتنوءُ رئتاكَ الواهنتان
بدخان حرائق ما أضرم مثلها بركان
– هي بإذنهِ مشيئة ربٍّ
شاء لك حتَّ الذنوب والغفران –

ولسوف أحملُّ في جيوب الجيبِ والقلبِ أشباحك
حتى تظن أشباح الدنيا بأنَّ روحي جبانة الموتى
وتذوب بسيلِ دمائي أطيافاً لمليار جثمان
تلك سبيلي للذكرى كيلا تتسلَّ من عروقي ذكراك
وتميمةً تُسكّن أكواخ روحي المريضةِ بالهجران

قد تتساقط الأقمار حيناً وحيناً وحين...
بلوراً لحبات المطر الماسي الحزين
خلف النوافذ الفاصلة كأغشيةٍ للأكوان
ولا نملك غير الصمت أمام ذبول الريحان!
أبتاه في هذا الوجود الداجي أتذكرُ بتنين الأشجان
قد كان لي... وكان...
إنَّ لي من حنانك في شرائط أفلام الماضي
سفناً تحملني أطيافها
رغم قراصنة الجنِّ والإنس لبر الأمان

قدّ تتساقطُ الأقمارُ حيناً وحيناً وحين...
لعلنا نعرف النفس في لحن الكمان!
أبتاهُ كم حملتني
كما يحمل الأرضَ أطلسُ بأساطير اليونان
وما كنت تشكو أثقال آثامي
أو ترى مثل أطلس بالأمر شيئاً من هوان
ولأني عشتُ محمولًا على أكتافك
تنعشني النسائم بنعناع خصلاتك البيضاء
لما حفظت للأزل مسك شذاك.

قد تتساقط الأقمار حيناً وحيناً وحين
ولا يملكُ القلب في ضياعِهِ
قِبلةً يشكو لها جور الحنين
لأني فقدتك
في أوديسية العمرِ المنكسر الرنين
بعض الآلهة في أساطيري تموت
ويحل الظلام الصموت

ويزهر أوجاعاً في قلبي التابوت
منطفئ الأنجمِ دون قباب سماك!
ليغفر الله إني بقبرك تحت الثرى محرومٌ وحريب
ودون ظلالك في كل البلاد أغدو ذئباً غريب

قد تتساقط الأقمار حيناً وحيناً وحين...
لينوح الوجودُ من فرط آلامي
حتى عفاريت ظلامي
من دون شمسك تبكي ظلم هذا المغيب!
محروقةً بالوحدة والوحشة دون حروبك
يا ضمير الماضي وأجنحة الملاك...
يا قنديل الحكايا بقديم الزمانِ السليب!

رحلت وحيداً وما ودعتنا بمشفى غريبٍ كئيب
وحيداً رحلت بين أيدي الغريب
لم أقل وداعاً لحظة اختارك الله
وما ودعتنا يا أبتاه

فارقتنا على مشارف عاشوراء
وما كانت بيدي حيلةٌ
أغيث بسقياها كربلاء أنفاسكَ
أيها الظمآن لأنهار الهواء!

أيا ينبوع المزايا الكريمة
أيا كنزاً من الأنواء الحكيمة
إلى أين أمضي ومن بعدك كلُّ الدروب ذميمة
هي الضلالةُ تنصبُّ فخاخاً وأشراك
هي الضلالة تفترسُ الروح
منذ أغفيت في بيتك الجديد
واختارك الربُّ للنومِ المديد
منذ أقصيت عنا كل شيءٍ
وارتحلت حتى بسرابيل دجاك!

(بكائية خطتها الأقدار 20 - 28
ديسمبر/كانون الأول 2008 م.)

نصير شمّة يعزفُ رحيل القمر(*)

تدور بدهاليز رأسي من عزف الوتر
اسطوانة عازف العود شمّة
يخرش فيها بأنامل شيطان ساحر
جراح الخشب المكابر
حتى يئنَّ بعويلٍ مائي الأسى
ويهمي من الحنين سلالًا نضَّاحة الثمر
حاملًا على بساط علاء الدينِ
في شواطئ السحر
خرائب أحلامي

(*) نصير شمَّة عازف العود العراقي الشهير. أسطوانة "رحيل القمر" تتضمن عدة مقطوعات منها "رحيل القمر"، "من آشور إلى إشبيلية"، "ليل بغداد"، و"قصة حبٍّ شرقية".

وأطلال جثمانٍ سيمحوها ولا شكّ القدر
"من آشور إلى إشبيلية" نسافر
لتحيا أساطير من رحيق العشق والسمر
ونشهد "ليل بغداد" كشمعةٍ تغري
بوهجها الدموي الأحمر
فراشات المجازر
قبل أن نغرق في كئيب الغمر
إذ نذكر حبًّا شرقياً مات وانتحر
ونتلاشى كأصداء ذئب حطمهُ القهر
في ضبابيِّ الأثير وزمهرير المشاعر
كلما هدهدت أراجيح نومنا السرمدي
كريحٍ ترجرجُ أغصان الشجر
مقطوعةُ "رحيل القمر".

عطشٌ لمائية الضياء

شفافةُ الحسن كمَائي الضياء

أيتها الألماسة

فؤادي المحرومُ بيداء

وأنا إلى الله أصلي

كي تكوني بقفرائي الخباء

لأؤوب من هجير صداعي

وضياعات الرمضاء

محارباً جريحاً

يستظلُّ بترياق الأفياء!

أحبكِ وأنا بحبكِ روح بلهاء

أحبكِ كقطرات الندى

بصباحات العشاق الأشقياء

عذبةً ولؤلؤية النقاء،

فأنا أنزف أحياناً ظمأ الشهداء
ومصيري أرضٌ مطوقةٌ بالصحراء
لكني يا صبار الرحمة
معتلٌّ بالخشية والغمّة
بالرؤيةِ السلبية للأشياء
ترسمها بمقلتيّ ديدان السويداء
منذرةً إذا ما احتسيتُ
كؤوس هواكِ الخضراء
سأفنى عطشاناً بغير ارتواء
عطشاناً بغير ارتواء!

هجرة الربيع

منذ غيبكِ عن عيوني ديماسُ ظلامي القاهر
وأعشتني عن نعمةِ مرآكِ شدةُ الوهجِ الساحر
- يسطع من قناديلِ وجهكِ القمري بضوءٍ باهر -
والجشعُ المجنون دودةٌ تلتهمني بأضراسٍ كالخناجر
وتدير بحثاً عن أشباحِ طيفكِ العاجي المحاجر
فيم هذا الضيمُ للإنسانِ أصيخوا لعويل المقابر:
ما العمرُ إلا ومضةٌ مارقةٌ من ضوءٍ مسافر!
ما من لغةٍ للأحاسيس بعالمنا المادي الداعر
ولذا تأسن في بركِ الروحِ المشاعر
تتعفنُ العاطفةُ وتفسدُ الإنسانيةُ
نغدو بعضنا لبعض حصانَ رهانٍ خاسر
ألهذا كسرتِ قلبي الجريحَ بهمجيةِ العصاةِ والعساكر؟
أنشبت النارَ بأكواخهِ

كما أحرق نيرون روما بالزمن الغابر
ريمي لقد شاهدتني مشتتاً ينزُّ بوجهِ الببابر
وكنتُ على حبكِ بكلِّ ما امتلكتُ مقامر!
رحلتِ من حياتي كالوزِّ الربيعي المهاجر
العمر من بعدكِ شتاءُ للأخلاقِ وخريفٌ للمشاعر.

انسحاب

أسحب بقايا روحي وزنزانة المحبس:
هذا الجسد المغطى بطحالب اليأس ؛
هذا الكيان المريض بالأمس.
أسحبُ نفسي ونايات الوساوس
لأغمرها تماماً بماء المغطس
فقاقيع من الأنفاسِ غير المتنفس
تبزُغ كالزنابق البيضاء
رويداً رويداً يفجرهاُ الهواء
فأحسُ بصدري الامتلاء المخيفَ بالخواء
يكاد يفجرني كائناً ملغوماً بالفناء
فأستسلمُ للأخذِ كالعذراء
أمشي إلى النورِ الخريري النداء
وأهرول في مدارات لها من الثمالة

أنهارٌ عسليةُ النقاء
تحميني من أخطبوط الشقاء
لسعات نحل الحقائق البلهاء
مجراتُ لا تنقضي من الهواجس
ولذا أستسلم بلا مقاومةٍ لروح الماء
أغرقُ جسدي
الذي خرمتْهُ رماح البؤس
أنسحبُ كهيكل سفينة غرقى
لقيعان المغطس
هناكَ من خمر السكينةِ
ما لن يحويهِ أبداً كأس
حيثُ تتقشع الغمائم الجليديةُ اليأس
عن الرؤى الفاضحةِ لعري النفس
وتبزُغ على سطح الماءِ الأزرق
أمام عدسات المآقي ألفُ شمس

عربة مشتعلة بالنار

كأمواج تتجرف من الأحصنة
وتغسل ماءَ السماء بالغبار
تتدفع نحوي من أعالي المروج الرمادية:
زوبعة لمارد السويداء.
تخترق بشظايا أخشابها الملتهبة الأسنة
- المحروسة في أكفان الانكسار -
قلبي الحزين كنهر دجلة؛
تطفئ من ضمائر روحي الوجلة
الضوء الشحيح لفانوس النهار،
تطمس من طحالب حقدي الخضراء
المترسبة في قيعان الأغوار
أيَّ أمل بنعاس الزوال والاندثار.

... هكذا سأرتقب الوعد
بخرائب صدئة لأسطول منهار
تحيطه هالة من الغموض
وتنسجه الأسطورة في قديم الآثار
كأنما خدوشه تروي سيرة
قرصان هزمته البحار...

... هكذا سأرتقب الوعد
على صخرة تطلُّ على الفجيعة والزبد
أرقب بعينين أوسنهما التعب والكمد
مقبرة من الجماجم تتلاطم كالموج
مكدسة كجبال الخردة
في فضاء الرحب المتعرج
وإزاء شروق شبح المغيب الأسود
أمضي إلى تابوت الوحشة الأبعد
محمولا ببنات نعش الكبرى
في خضم عاصفة

من المسامير اللامتناهية العدد
ومطبات أثيرية الأوعار
ومآقي بنات نعش الصغرى
تساب دموعاً ماسية على وجنة الأمد
نادبة ببريقها المشع اندياح الأعمار.

الإعصار الإستوائي غونو

﴿وَلَنَبْلُوَنَّكُم بِشَيْءٍ مِّنَ ٱلْخَوْفِ وَٱلْجُوعِ وَنَقْصٍ مِّنَ ٱلْأَمْوَٰلِ وَٱلْأَنفُسِ وَٱلثَّمَرَٰتِ ۗ وَبَشِّرِ ٱلصَّـٰبِرِينَ ﴿١٥٥﴾ ٱلَّذِينَ إِذَآ أَصَـٰبَتْهُم مُّصِيبَةٌ قَالُوٓا۟ إِنَّا لِلَّهِ وَإِنَّآ إِلَيْهِ رَٰجِعُونَ ﴿١٥٦﴾ أُو۟لَـٰٓئِكَ عَلَيْهِمْ صَلَوَٰتٌ مِّن رَّبِّهِمْ وَرَحْمَةٌ ۖ وَأُو۟لَـٰٓئِكَ هُمُ ٱلْمُهْتَدُونَ ﴿١٥٧﴾﴾ [البقرة: ١٥٥-١٥٧]

(إن عظم الجزاء مع عظم البلاء، وإن الله إذا أحب قوماً ابتلاهم، فمن رضي فله الرضا، ومن سخط فله السخط)

رسول الله محمد

(صلى الله عليه وآله وسلم)

"لك الحمد مهما استطال البلاء
ومهما استبدّ الألم،
لك الحمد، إن الرزايا عطاء
وإن المصيبات بعض الكرم."

قصيدة سفر أيوب

بدر شاكر السياب

غونو... أماردُ من فوانيس ألف ليلةٍ وليلةٍ
يعصفُ على أوراقِ أشجارنا من شهرزاديِّ الفم،
أم رفرفة فراشةٍ
في تخوم فوضى تحرك دمية العوالم؟
غونو... هل أنت آهةُ حبٍّ يزفرها من أدمنه الألم؛
آخرُ حرقةٍ ينفثها
من تولَّـه بسرابِ حسناء تجازيه بالعدم؟
غونو... أزوبعةٌ من الساحراتِ
امتطين صهوات العصيِّ
وأعلنَّ عصياناً على الذكورةِ باسم الآلهة الأم،
أم عطرُ عشتاروت تنفسته الحياةُ من رئة لحدٍ
تتمدد فيه معبودة تموز منسيةً بسرابيل الظلم؟
غونو... هل أنت جيشٌ من الجنِّ تقوده آلهة الدمار

أم شلالُ طهرٍ
تذرفهُ على أرواحِ المذنبين هيلانة النيم؟

غونو... تحكي الأسطورةُ المخبوءةُ
بأضابير أضلاعي منذ القدم
تنينٌ من الأزمنة الغابرةِ بأغوار المحيطِ الهنديِّ نائم
تثاءب أو تأفف من فداحة العزلةِ
ومرارةِ الهروب بكهف السأم
تنينٌ حكيمٌ ولهُ بالسرِّ ارتحالٌ
ولكنه ذو كآبةٍ ووحدة شاهقة العظم
فقيرٌ بلا ظلٍّ يناجيه ولا انتماءٍ
بكونٍ تسودهُ قطعان الغنم
كانت دموعهُ مداد البحارِ السبعة
وأحزانهُ رسالةً لتراحم الأمم
بيد أن شهواتِ الإنسِ ووساوس العفاريت
طمست ذكراه بلا ندم.

تشدَّق الغواةُ والرعاعُ المتبحرون في فلاة الدم
بالقولِ إنَّ الآلهة غضبى كبراكين تستشيطُ حمم
وإن الأعاصير عقابٌ لمفسدي القوم؛
الخارجين عن القيم
عيونهم القادحة كجمر الغضا لفرط حقدٍ وغم
تبسمتْ لرياحِ النبوءة
التي تسوقُ حصاد الموت لسواهم
كاد أن يأكلَ الكرب والضجر ضياء مآقيهم
متضورين لسِير المآسي كمصاص دماءٍ أتلفهُ الصوم!
إنهم يتصارخون ثمالى من رضاعة نهد إبليس
يغدو أكثرَ حضوراً ووفرةً بالدمارِ وجودهم الخسيس
لا يدركون الذاتَ إلا بالتطرفِ واحتدامِ الأحاسيس
إنهم كموتى الزومبي المتقاطرين من مقابر الفيلم
بقاؤهم المشوهُ القبيحُ أحياءً مقيدٌ باقتراف الجرائم
كيانهم المهددُ بأشباحِ التشظي والتمزقِ والتشتت
لا يقوى على التماسكِ
إلا بإهلاكِ الآدميين وأكل اللحم.

تشدَّق الغواةُ وما هم سوى عقبان تقتات جيف الجثم.

غونو... بشريعة العقل الباطن،
ما كلُّ قصاص نقمة، ولا كلَّ خلاص نعمة
في هذا العالم الدائن،
لم يعصف من غار الناسوت غير رياح الضيم.

غونو... ما لي درايةٌ تمنحني في فحواك حرية الحكم
تعلمتُ قدرَ ما أستطيعُ
ألّا أناقش سيرورة أقدار الوهم!
وآمنت أن بلاء الله في الدنيا
قصيٌّ وناءٍ عن أهل الظلم
يمهلهم في مستنقعات غيهم ليزدادوا جوراً وجرم
تعلمتُ أن البلاءَ كمنجلٍ يجتث حراشف الخطايا
ممن أساءوا لأنفسهم
ومضوا بعيداً عن فردوسِ الحلم.

فهرس الأحزان

Printed in the United States
By Bookmasters